REGRESO A KABAH

Arlene L. King

LOS PASOS PARA LA ASCENSIÓN ESPIRITUAL

Recibido en Kabah de

Na'at Tun, Guardián de la Sabiduría de las Piedras

Arlene King

En Colaboración con

Antonio Arredondo Raya

2019

Primera impresión: 2019
ISBN: 978-1-79473-828-7

Lulu Press, Inc. ("Lulu")

Arlene King
2313 Lockhill - Selma PMB 128
San Antonio, TX
78230

Estoy muy agradecido con todos los que me han acompañado en este camino. Sin ellos, recibir esta información no hubiera sido posible. Agradezco especialmente a Antonio Arredondo Raya que me acompañó en el viaje más reciente a Kabah, hizo la fotografía y me ha ayudado mas que puedo decir con esta jornada.

Contenido

INTRODUCCIÓN

El mundo era mucho más simple cuando nació mi madre en 1904. Ella aprendió en la escuela que el átomo es la unidad de materia más pequeña que no se puede dividir. Por lo tanto, su mundo era un lugar estático; las cosas fueron como aparecieron. Esta creencia creó su realidad. Estableciendo reglas aplicadas a la religión, la ciencia, la curación y su comportamiento. Una vez que tomó decisiones, tuvo poco poder para cambiarlas. Los resultados estaban en el control de Dios. Ella vivió su vida de acuerdo con las reglas que le dieron y rezó por los mejores resultados. Ella creía que estaba separada de todo lo demás y que podía afectar y ser afectada por otros solo por lo que podía percibir con sus cinco sentidos y actividad física. Ella creía que la mayor parte de su vida estaba fuera de su control, y así fue.

Nuestro concepto del mundo comenzó a cambiar con la teoría de la relatividad de Einstein. El átomo se dividió. Cuando la ciencia comenzó a investigar las partículas subatómicas, nos dijeron que la materia no es estable sino que gira paquetes de energía. La teoría de campo unificada sugiere que todo está conectado. Lo que se piensa, siente o hace en un lugar afecta al todo.

La exploración personal de lo que eso significaba comenzó en la década de 1960. Los Beatles popularizaron la Meditación Trascendental. José Silva comenzó a enseñar el Método Silva de Control Mental en 1966. En ese mismo año, el Dr. Ira Progoff desarrolló el Programa de Diario Intensivo. El uso de Reiki para la curación llegó a nosotros en inglés en 1975. Bradley Nelson desarrolló The Emotion Code más recientemente. Estas y otras técnicas se han desarrollado para usar y controlar la energía, directamente y a distancia. Muchas otras personas y grupos ahora enseñan y usan esta energía. Si decide investigar esto más a fondo, tenga cuidado con el grupo que seleccione. Los líderes de algunos de estos grupos pueden no estar trabajando en su mejor interés.

Si has experimentado un trabajo energético, sabes cómo se siente. Si no lo has hecho, has lo siguiente ahora. Baja este libro, coloca tus manos juntas cómodamente frente a tu pecho en la posición tradicional de oración. Frota tus manos juntas con tus palmas moviéndose hacia tus dedos hacia adelante y hacia atrás durante diez segundos. Sentirás un hormigueo en tus palmas y dedos. Ahora pon las manos separadas aproximadamente seis pulgadas como si estuvieras sosteniendo una pelota. Mueve tus manos suavemente como si estuvieras apretando esa pelota. Tú sentirás que existe algo entre tus manos. Eso es energía. Observa que al mover las manos aproximadamente a quince pulgadas de distancia, puedes continuar explorando la misma energía. Si alguien más está en la habitación con tigo, pídele que haga lo mismo. Cuando sientan la energía entre sus anos, has que se acerquen a ti y coloquen su mano a unas seis pulgadas de la tuya. Puedes sentir que la energía pasa de su mano a la tuya. Ahora pídales que se alejen de ti mientras mantienen intacta la sensación de energía entre ustedes. Observa qué tan lejos pueden llegar mientras mantienen la energía fluyendo.

Ahora ya sabes la energía a la que se refiere este texto.

5

EL CAMINO A KABAH

Kabah es un sitio arqueológico maya en Yucatán, México. Está a 65 millas de Mérida, al sureste por la autopista 261. Mi viaje allí había sido mucho más largo.

Nací en 1936 en una familia protestante tradicional en Michigan. El mapa de vida que me dieron para seguir incluía ser un buen niño, lograr buenos resultados en la escuela, obtener la credencial de un maestro, trabajar para mantenerme, casarme con un hombre de la elección de mi familia y darles nietos a mis padres. Creía que hacer esto cumpliría mi vida y que sería feliz. Cumplí con la mayoría de eso, excepto tener un hijo. Encontré esta vida tan tediosa y limitante que me divorcié y me mudé a California.

Allí continué enseñando y me casé con un hombre de mi elección. La vida ofrecía opciones más emocionantes. Tomamos la clase de Control Mental de Silva y fuimos iniciados en Meditación Trascendental. Me sentí cómoda con mi intuición en desarrollo cuando un psíquico me aseguró que ya no nos quemaban en la hoguera como brujas. Ya no estamos en riesgo físico de tomar conciencia.

Mi esposo comenzó a experimentar con drogas en la casa de su amigo. En ese momento, si las autoridades hubieran encontrado marihuana en mi casa, podría haber perdido mi credencial docente. Cuando comenzó a traer drogas a mi casa, le dije que eso no era tolerable ya que estaba en riesgo de perder el camino para mantenerme. Él respondió que si tuviera que elegir entre drogas y yo, obtendría cuarenta y nueve por ciento y drogas cincuenta y uno por ciento. En un mes ya no estaba en mi vida. Para mí, hubo un período de intensa actividad, reorganizando la casa y solicitando el divorcio.

Cuando terminé esas tareas, emocionalmente toqué fondo, no porque él se hubiera ido, sino porque me di cuenta de que todo el mapa de vida que acepté estaba mal para mí.

La vida parecía absurda y sin sentido. Mientras lloraba durante tres días sin dormir, comer o bañarme, mi pregunta era: "¿Por qué estoy aquí? ¿Cuál es el propósito de todo esto?" Hice una línea de puntos en mi muñeca izquierda con un marcador mágico y escribí: "Para abrir el corte a lo largo de la línea punteada".

Al cuarto día, una amiga me llamó para decirme que me recogería a la una para almorzar. Usé cubitos de hielo para quitarme algo de la hinchazón de la cara y me bañé, me vestí y me maquillé cuando ella llegó para limpiar los restos del marcador mágico de mi muñeca. Ella me dijo que no tenía idea de por qué estábamos aquí, pero mientras lo estuviéramos, podríamos disfrutarlo.

Durante los siguientes dos años, busqué religiones, I Ching, el Tarot, Runas y cualquier fuente que pudiera encontrar para encontrar una filosofía que le diera sentido a mi vida.

No encontré respuesta allí. Luego encontré un libro sobre energía piramidal y decidí ir a ver uno. La pirámide más cercana estaba en Chichén Itzá. Las próximas vacaciones de Navidad, dos amigos y yo hicimos un breve recorrido por la península de Yucatán. Chichén Itzá fue convincente pero no tenía ningún mensaje para mí.

Sin embargo, conocí a un guía turístico atractivo que se ofreció a mostrarme los otros sitios arqueológicos si regresaba. Arreglé pasar dos meses de las próximas vacaciones de verano en Mérida, Yucatán, la ciudad en la que vivía. Lo veía por algunas horas casi todos los días, y aunque mi español era limitado, descubrí que podía sobrevivir y ser entendida. Estaba fascinada con la ciudad y el área, fui a varios sitios arqueológicos y navegué por la ciudad, los mercados y los museos. Al cabo de dos meses, supe que quería volver a explorar el área más y podría sobrevivir en la mía allí Solo necesitaba tiempo y mi auto.

9

Poco después de regresar a la enseñanza, tomé un curso en el Diario Intensivo del Dr. Ira Progoff y aprendí una forma de hacer diálogos escritos, una forma de canalización psíquica, con situaciones, personas y sabiduría.

Luego, alrededor de las 2:30 una noche de septiembre, un grupo de adolescentes borrachos condujeron su automóvil a través de mi cerca lateral y hacia la parte trasera de mi casa. La casa tenía ocho habitaciones; Viví allí sola y solo usé tres de ellas. Después de que el seguro completó las reparaciones, puse la casa en venta. A fines de noviembre, vendí la casa y me concedieron un permiso de ausencia para la enseñanza durante el siguiente semestre y año escolar. Pasaría diecisiete meses en México.

El hombre que era mi guía turístico, traductor y amigo voló desde México para ayudarme a conducir mi automóvil de regreso a Yucatán. Estaba lista y no tenía nada porque regresar durante diecisiete meses. No tenía casa, ni trabajo, mis muebles estaban almacenados y desde la venta de la propiedad, estaba financieramente cómoda para hacer esto.

Tener mi auto en Mérida me hizo casi independiente. Alquilé un apartamento y pude comprar fácilmente todo para mis necesidades diarias. Todavía veía a mi guía turístico con frecuencia, pero ya no dependía de él, ya que podía hacer largas excursiones sola. Llevé mi diario a los sitios arqueológicos pero no encontré la información que estaba buscando. Debido a que mi guía estaría especialmente ocupado durante las vacaciones de Navidad con visitas y familiares, decidí pasar esas dos semanas sola en un sitio arqueológico.

Fui a quedarme a Uxmal durante la Navidad de 1977, sabiendo que algunas de las opciones de mi vida habían incomodado a otras y que no estaban contentas conmigo. Varias personas estaban molestas porque había venido a México, pero sentí la necesidad de seguir cada paso tal como se presentaba. El día de Navidad, elegí ir más lejos por el camino que me había llevado a Uxmal.

KABAH - Cada paso que conduce al arco es un nivel de conciencia

¿Quién soy? ¿Por qué estoy aquí? Estas preguntas a menudo estaban en mi mente. Llegué a un sitio arqueológico desierto llamado Kabah. Me senté sola con mi diario debajo del arco a la entrada de la ciudad. Una voz comenzó un diálogo conmigo. Totalmente consciente, escribí lo que escuché. Regresé a Uxmal todas las noches, haciendo varios viajes al arco hasta que se completó la información.

Lo siguiente es lo que dijo:

Saludos. Bienvenida a la ciudad del templo. Kabah significa mano fuerte o la mano del poder. Las estructuras sagradas están aquí. Este es el alma de esto. Aquí encontrarás las respuestas que buscas. Soy uno de los guardianes de esta región. Puedes llamarme Na'at Tun, Guardián de la Sabiduría de las Piedras. Soy un mensajero que te trae este regalo. Intentaré explicar el propósito de tu existencia en términos que puedas entender.

Ten en cuenta la forma del arco. Hay trece pasos desde donde te sientas hasta el nivel de la carretera que conectaba este lugar con Uxmal. Cada escalera está asociada con un nivel de conciencia. El nivel del camino es el mundo cotidiano. Para ingresar a la ciudad del templo, debes subir los trece pasos, que representan trece niveles de conciencia, o trece planos desde los cuales puedes ver el mundo e interactuar con él. El undécimo paso se abre a una plataforma cubierta de hierba. Los pasos doce y trece están debajo del arco. Trece pasos representan niveles de conciencia, elevándote del nivel más bajo de conciencia al más alto nivel de espíritu.

Una vez que el viajero ha terminado la subida, el arco, la puerta en el nivel trece, le da la bienvenida a la máxima libertad y liberación. No puede permanecer en este nivel y comunicarse con los demás. Detrás de ti hay una rampa que lleva al viajero de vuelta al nivel del octavo escalón, el nivel del centro ceremonial. El octavo plano marca el nivel más alto de interacción humana. Hay ocho niveles de cuerpo, mente y emoción, u ocho niveles para crecer, conocer y conquistar.

Más allá de eso, hay cinco niveles de espíritu a través de los cuales debemos progresar para volver a la fuente de donde venimos. Todos estamos en este viaje, navegando a través de trece niveles de conciencia, aunque muchos no son conscientes. Este viaje se completará en esta vida o en otra, porque tenemos todo el tiempo que necesitamos. Cada paso representa un lugar en la conciencia a través del cual todos deben viajar. Cada persona está haciendo este viaje. Sin embargo, muchos optan por conectarse a los niveles inferiores y permanecer allí durante muchas vidas.

Antes del comienzo

En este estado, dentro del sistema energético, no existe nada separado, pero surge un deseo de que comience: el sueño, la idea, el preconocimiento de que algo diferente es posible. Es un deseo experimentar aparte del sistema energético en su conjunto y convertirse en un co-creador usando la Energía Universal. Llamamos a este sistema energético Ahau. Es aquello de lo que todo se crea, y conecta toda la creación. Un vórtice se forma en el sistema de energía y se tensa en masa, forma, evoluciona hacia una conciencia separada y manifiesta una forma física. Solo en un cuerpo puedes experimentar los placeres de los sentidos, la exploración del mundo tridimensional y la alegría de la creación directa aquí. La vida no es una línea recta a través de los niveles de conciencia. Usas varios de los pasos cada día a medida que se manifiestan diferentes situaciones en tu vida.

Nivel Uno - Forma

El primer nivel representa masa y forma. En un universo tridimensional, cada objeto tiene conciencia de su estructura. Una piedra se queda como una piedra. No se separa ni se convierte en mariposa. Conserva la forma original hasta que algún choque o el paso del tiempo cambie su concepto de sí mismo. Cada cosa tiene inherente en su forma la conciencia del nivel uno, que es la conciencia de la materia. Cada átomo y molécula sabe cómo ser él mismo. Un árbol sabe cómo ser un árbol. Tu cuerpo sabe cómo ser tu cuerpo. Y hasta que el shock o el tiempo actúen sobre él, permanece y evoluciona de esa forma.

Uno es el número de masa y forma; significa la energía de un comienzo. Hay mucha energía atada en la forma sólida. La primera energía es como un imán, que une una cosa cohesivamente. Cuando se libera esta energía, es la energía de la energía nuclear. El símbolo del nivel uno es piedra.

Nivel Dos - Crecimiento físico

El segundo nivel comienza el proceso de la vida. Este nivel sabe cómo crecer al consumir y digerir algo del exterior. Al alimentarse, la vida se forma, evoluciona y crece. Ten en cuenta que debes conquistar cada nivel antes de que se abra el siguiente para poder acceder a él. Dos puede ser un gran placer cuando se satisface: la paz de un bosque verde, el ganado en un campo, el estómago lleno. Todos los seres vivos se mantienen y crecen consumiendo algo. Sin embargo, a este nivel, el consumo puede ser sin sentido. Son los parásitos los que atraen al huésped hasta que éste está muerto, el feto le quita la vida a una madre moribunda, el animal pasta demasiado cerca y arruina el pasto.

El nivel dos es el nivel de crecimiento salvaje, no cultivado; en donde, cada cosa lucha por sobrevivir en competencia con todo lo demás, matando para consumir. Toda vida necesita alimento; sin embargo, algunos humanos permanecen concentrados aquí, llenando sus vidas con gula y codicia, y extrayendo energía vital de otros.

Nivel Tres - Socialización

El tercer nivel trae el primer conocimiento de una identidad separada. Algunos animales y la mayoría de las personas se dan cuenta de que están solos en el mundo. Cuando un niño es muy pequeño, su conciencia física se limita al principio de alimentación.

A medida que crece, gradualmente se da cuenta de sí misma como una entidad separada con necesidades, deseos y experiencias que están separados de la fuente de alimentación. Esta conciencia provoca reacciones complicadas. Marca el comienzo de la experiencia individual, y se manifiesta principalmente como una necesidad de unirse e identificarse con los demás. Las personas se aferran a un grupo, temerosas de las experiencias de estar solo. El tercer paso es el nivel de familia, tribu, comunidad y nación. En este nivel, las personas se unen a la experiencia de los demás, aprenden las reglas y los ritos del grupo, suponen que la experiencia del grupo es válida y buscan la confirmación de su realidad en las opiniones de los demás. La declaración esencial de este nivel es: estoy solo y no sé cómo estar. Debo ser enseñado por aquellos más sabios que yo. Debo unirme para tener una identidad. Otros deben definirme para que sepa quién soy. Nivel tres es el nivel de sexo por sí mismo; considera al adolescente masculino que se prueba a sí mismo a través de conquistas. Es la mujer que quiere casarse para formar una alianza grupal con la que pueda tener una identificación permanente. Es el nivel de la mayor parte de la maternidad, tener una persona "propia, una persona que sea como yo". Una persona se une al aceptar las supersticiones y las rígidas reglas de comportamiento grupal. Esta reacción es natural ante el miedo a estar separados, y es una fase a través de la cual la persona completa debe crecer y evolucionar. Está jugando los juegos establecidos por otros, buscando seguridad en los números, encontrando la estima a través del grupo. Generalmente no tiene sentido. Es temeroso

También es el lugar para aprender las tradiciones y formas a través de las cuales funciona la humanidad. En este nivel, aprende los valores de la tribu, las matemáticas, la lectura, la escritura, los procesos de comunicación y los símbolos que utilizará más adelante en su evolución. Es un paso necesario, un lugar donde construyes las primeras herramientas para el resto de la escalada en este desafiante viaje llamado vida.

Es del nivel humano, pero estar limitado a este nivel significa cerrar la mente y el corazón a la verdadera belleza y valor del ser como entidad separada. Quedarse aquí sofoca y mata. Es un paso necesario, pero sin el vuelo de las aves, la luz del sol y el viento libre. Es el nivel del niño de buen comportamiento que pasa su vida conduciéndose de acuerdo con las expectativas de los demás para obtener recompensas de ellos. Aquí una persona trabaja duro para la aprobación y aceptación de los demás, pero la satisfacción es temporal y la alegría no está en ello. Muchas personas nunca progresan más allá del nivel tres. Sienten que sus vidas son valiosas porque creen que su posición, en contraste, es mejor que la de otra persona. Viven en comparación, tratando de ganar más jugando los juegos creados por otros y buscando satisfacción a través de la apariencia externa. Y así es para ellos. Nunca se atreven a conocerse a sí mismos.

Yo pregunté -

¿Por qué somos elegidos para el viaje? ¿Por qué no un caballo o un gato? ¿Qué pasa con los árboles y las piedras?

Respondió

Cada conciencia elige dónde debe estar y se forma en la forma que satisfaga sus necesidades y voluntad para esa experiencia específica. Un árbol es lo que es, alegre y perfectamente. Camina por el bosque y conoces la armonía.de ese lugar Es lo que elige ser. No se requiere mucho de ello. Se requiere menos de una piedra; su responsabilidad por la acción es mínima, su vida es muy larga. Es como es, perfecto en la conciencia ininterrumpida de la forma y no presenta lucha, ni siquiera por la comida. Las piedras y los árboles no están en su viaje porque tienen otras tareas y no quieren el esfuerzo y la responsabilidad que ha elegido.

Pregunté de nuevo

¿Qué tal un caballo o un gato?

Respondió

¿Qué te hace pensar que todo o cada ser quiere ser como tú? Los animales son como son. Aceptan los límites de sus formas sin duda. Y como tal, han elegido otras tareas que las que usted ha elegido. No podrías hacer tu trabajo si ellos no hicieran el suyo. Todo lo que existe es donde decide estar. Las personas que se limitan a sí mismas y a todas

las formas de conciencia están donde eligen estar. Hay justicia en todo. Una roca o árbol ve esa forma como el nivel perfecto para su existencia. Si se le presiona para convertirse en un edificio o una silla, entonces será eso, sin resistencia alguna, ya que no necesita asumir la responsabilidad de lo que es o será.

Visto de esta manera, el mundo está en perfecto equilibrio. Si todo quisiera estar en tu viaje, ¿qué te alojaría y te proporcionaría comida? Cada cosa tiene su propio propósito y poder específicos, que está de acuerdo con su elección personal. La energía para este camino de la vida se mueve a través de todos los niveles. Una piedra se convierte en la Tierra, alimenta una planta y es comida por un hombre o un animal, lo que da leche o se convierte en alimento para la persona que usa la energía de la misma en su viaje. Y la energía es cíclica; El cuerpo de un hombre vuelve a la Tierra. Cada cosa manifiesta en forma tridimensional la conciencia que elige para ser responsable de actuar. Asi es..

Nivel Cuatro - Poder tridimensional

La conciencia del nivel cuatro todavía está dentro del juego social. Sin embargo, la persona ahora asume el poder sobre los demás, el atributo que le faltaba en el nivel tres. Es la posición de ganar liderazgo dentro de la tribu o grupo y adquirir los símbolos de liderazgo. Ahora una persona define algunas de las reglas que controlan la vida de los demás. El líder de la comunidad, la estrella de cine y el rey son de este nivel. En las religiones, es el ministro, obispo, papa o líder de culto.

La mayoría de las personas encuentran la manera de cumplir este nivel. Para hacer eso, buscan alguna forma de controlar a los demás. Una persona hace esto en casa, manejando niños o un compañero; o en un trabajo, como un maestro con estudiantes, un capataz, líder sindical o dueño de un negocio. Quien ejerce el poder directo sobre los demás, quien está en una posición de autoridad directa, cumple así la conciencia del nivel cuatro.

Los problemas inherentes a estar atrapado aquí son obvios. Uno necesita que otras personas sean serviles para que él se defina. Un ser de nivel cuatro intenta demostrar que es, de alguna manera, superior, y para hacer esto, a menudo degrada

El conocimiento o el éxito de otros que amenazan su posición.

El líder depende tanto de sus seguidores como los seguidores se creen dependientes del líder. Y aquellos que desean liderar pueden estar en constante competencia con aquellos que tienen el poder actual. Esta es una posición inherentemente débil porque no puede estar sola. Un líder sin seguidores no tiene poder en absoluto.

Algunas personas intentan alcanzar una posición de control rebelándose contra el sistema. Insistir en que "No pueden decirme qué hacer" es el otro lado de la misma moneda. Sin embargo, si uno quiere dominar este nivel, debe alejarse de la rebelión y cambiarlo a poder directo. De lo contrario, uno permanece encadenado al lado negativo de este nivel. El rebelde está un paso por delante de los que cumplen, pero hasta que uno tenga el control directo, este nivel permanece sin ser conquistado. Ahora uno gana éxito en el mundo.

Debido a que la tradición social enseña que aquí es donde radica la realización personal, el viajero debe explorar todas las facetas de este nivel, ya sea por experiencia directa u observando a otros antes de que pueda continuar su viaje. Aquí él aprende que las cosas materiales solo ofrecen desvío temporal, y que debe continuar adquiriendo para mantener su posición.

Cuatro es la educación universitaria, el trabajo, el bote, la casa, las joyas, las pinturas, los viajes, los automóviles, la membresía en un club de campo y la apariencia de éxito a los ojos de los demás. Es el lugar que ofrece todas las cosas del mundo físico. Incluso el matrimonio y la donación a la caridad son prueba de que uno tiene algo de lo que otros carecen.

La herramienta más importante que obtenemos aquí es que a medida que otros reconocen nuestro valor, podemos creer más fácilmente en nuestro propio valor. Saber esto puede liberarnos de la dependencia de la tradición tribal y comenzar a desarrollar la fuerza que nos permitirá permanecer libres.

Nivel Cinco - Rechazar la estructura social

Cinco es ese lugar en el que te das cuenta de que las respuestas no están en el nivel cuatro. Sientes un vago vacío o una tranquila desesperación. Es la sensación de que debe haber más que esto. Sabes que tu mapa de vida no se está cumpliendo, las promesas que hizo están vacías y sientes que la vida te ha engañado.

La mayoría de las personas nunca progresa más allá de este nivel. Se mueven de cuatro a cinco y vuelven de nuevo. Cuando no encuentran la felicidad a largo plazo en un área específica del nivel cuatro, vuelven al nivel cuatro para obtener otro título, comprar una casa más grande, encontrar un trabajo con más prestigio y conseguir otro bote u otro cónyuge. Al final del proceso de adquisición, todavía hay cinco, la sensación de que debe haber algo más. Cinco se convierte en el nivel de "soy solo". Si tan solo pudiera hacerlo de nuevo, soy solo mi vida amorosa o mi matrimonio fueran mejores, si solo él o ella lo hicieran o lo harían. El número cinco coloca la responsabilidad del descontento en las fuerzas externas o motivaciones. La frustración no es la rebelión del nivel 4. La gente viene a este lugar a través del éxito en su mundo. Han construido la estructura de sus vidas y la han encontrado faltante. Aquí uno se enfrenta al vacío de tradición social Incluso las religiones tradicionales no pueden ayudar. Sin embargo, la mayoría de la gente cree que las respuestas deben estar en la cultura, pero aún no las han encontrado. Es un momento de falta de tranquilidad y desesperación. Uno puede escapar temporalmente de estos sentimientos volviendo a los niveles tres y cuatro. Y esta es la trampa en la que la mayoría de las personas aparentemente exitosas están atadas toda su vida.

La dificultad para pasar más allá de este nivel es que el firme adoctrinamiento de las tradiciones de su tribo, hace que una persona piense que está un poco loco cuando comienza a cuestionarlas. Puede que su religión le haya enseñado que si hace preguntas, será castigado eternamente. Él cree que no hay nadie con quien hablar sobre esto porque todos los que conoce cumplen con el nivel tres o trabajan para tener éxito en el nivel cuatro. Si habla con un médico, el médico probablemente le dará medicamentos para adormecerlo y mantenerlo funcional en los niveles más bajos. Entonces está aislado en estos sentimientos. Él piensa: "Tengo lo que se supone que quiero y me he comportado como se supone que debo comportarme, he logrado lo que se supone que debo lograr, ¿cómo puedo sentirme así? Y, sin embargo, lo hago ".

Como las sociedades enseñan deshonestidad emocional, la persona que alcanzna el nivel cinco ha recibido instrucciones no confiar en lo que siente, creyendo que su descontento no es "correcto" o lógico. Indudablemente, en los niveles tres y cuatro, le han enseñado que los sentimientos reales no son aceptables. "No es agradable estar enojado. No tienes derecho a sentirte de esa manera", por lo que aprendió a responder: "Me siento bien, gracias" y a fingir sentimientos, ocultándolos incluso de sí mismo. Aprendió a usar palabras aceptables sin saber la verdad detrás de ellas. Palabras como Te amo significan que tengo miedo de estar solo; Te necesito; No molestes mi patrón de vida. Las palabras se convierten en mentiras detrás de las cuales se esconden verdades menos aceptables.

Pasar por el nivel cinco significa enfrentar los sentimientos, y este no es un proceso fácil. A otros les disgusta porque sacude los cimientos de la tradición social. Pero el viaje pasa por aquí. Cinco está estableciendo la realidad separada, viendo lo que tres y cuatro se niegan a enfrentar. Explora los sentimientos reales y los sentimientos van desde la falta de facilidad hasta el terror absoluto.

Nivel Seis - Muerte

Seis es la muerte. El trabajo interno comienza. Este nivel libera los valores y archivos adjuntos de los niveles tres y cuatro. Está tocando fondo. Cuando una persona llega y se mueve a través de seis, aparece la imagen de la muerte. Puede soñar su muerte o planearla y su funeral, contemplar el suicidio o resignarse y estar listo para morir. Seis es la muerte del viejo yo, que es imprescindible antes del renacimiento. Mientras que cinco comienza la atracción hacia lo espiritual, seis es la puerta. Uno puede pasar por esta puerta muchas veces cuando las circunstancias se presenten. Por un momento o un período prolongado, siente que está muriendo, y de hecho lo está. Se requiere mucho coraje para pasar por el valle de la sombra de la muerte. Y es necesario porque es la única forma de salir del nivel cinco. El ego muere aquí; Es el primer paso de la iniciación espiritual. Esta muerte no es un suicidio falso para crear un efecto o tratar de manipular el comportamiento de los demás.

Es un proceso individual que libera apegos a la creencia de que las respuestas se encuentran en los niveles inferiores de conciencia. Tenga en cuenta que la muerte no tiene por qué ser un proceso doloroso o aterrador. Si el camino está bien pavimentado y la transición se presenta en etapas, puede ser tan simple como pasando por una puerta a la luz más allá. Puede ser solo un paso en el camino, un reconocimiento de que una nueva fase de conocimiento está por comenzar. Sepa que este tipo de muerte ocurre cada vez que abandona parte de los niveles tres y cuatro, dejando que las tradiciones mueran como se ven a la luz de la verdad. Con la muerte, pasas más allá de lo que ya no es útil.

Nivel Siete - Asumir responsabilidad

La primera parte de este nivel es el arrepentimiento, ya que acepta la responsabilidad de su papel en un patrón de vida que no fue satisfactorio y siente tristeza por haber recorrido los caminos de los demás, sin darse cuenta. La segunda fase trae la comprensión de que tiene el poder de cambiar cualquier situación en la que se encuentre. Aprendes a liberar el resentimiento, el miedo y la ira que has llevado por los errores que otros te han hecho. Aunque te proteges de dejar que repitan acciones que te han causado daño, reconoces que lo que han hecho es lo que le hacen a todos por quiénes son ... Ya no tomas sus acciones personalmente. Te liberas de la influencia de traumas pasados, y las emociones negativas que has llevado ahora se liberan. En la última parte de este nivel, acepta con gusto su responsabilidad y capacidad de transformar su vida para convertirla en una serie de experiencias alegres. Te vuelves objetivo, aprendes a vivir en el presente, te das cuenta de que la vida tiene lecciones que enseñar y aprendes las lecciones a medida que vienen. Sigues tus verdaderos sentimientos mientras la luz te guía en tu camino. Siete es el nivel de remordimiento y alegría. Ahora uno acepta responsabilidad total por su propia debilidad y fortalezas, por comprar el juego y por su crecimiento personal.

Siete dice: "Lo hice. Lo hice todo". Aquí uno reconoce que sus elecciones han producido efectos. Se da cuenta de que las viejas decisiones se pueden cambiar y que no tiene que vivir en el pasado. Ahora, el momento presente, es todo lo que hay. Este es el nivel de reevaluación, sabiendo que uno está a cargo de su propia vida. Es la alegría de asumir el poder personal, no el poder sobre los demás. Esto es muy diferente del nivel cuatro. Uno ha dejado de jugar el juego. Ahora uno se perdona a sí mismo, y al hacerlo perdona a los demás, liberándose de la competencia. Aprende a amarse a sí mismo, lo cual es una necesidad antes de que uno realmente pueda amar a otro. Él busca su propio camino. Este ya no es un lugar de "si solo". Sabe "eso fue, esto es". Ve claramente y acepta su conocimiento interno como guía. Uno no está asociado con la tradición, pero ha comenzado a caminar libremente a la luz de su propio valor, que lo conecta con la Energía Universal. En este nivel, uno llega a reconocer que él es un Hijo de Dios y es parte del Todo. Aunque puede estar aislado, no se siente solo. Desde esta posición, aprende a hablar la verdad, porque ya no se engaña a sí mismo. Él sabe que no tiene todas las respuestas ni todas las preguntas. Pero lo que ve, lo dice de verdad.

Aprende a darse tiempo para descansar y meditar. Su energía puede ser baja cuando el cuerpo comienza a canalizar de nuevo su sistema de energía. Las viejas formas de obtener fuerza de la presión externa y la ansiedad ya no son útiles. Gradualmente, sus motivos anteriores para actuar desaparecen y los viejos medios de obtener energía para esas actividades disminuyen.

Nivel Ocho - Encontrar armonía

Ocho es el paso más alto en el que es necesario un cuerpo físico. Uno puede usar el cuerpo para expresarse en otros niveles más elevados, pero no es necesario.

Ocho es el nivel de alegría, paz y armonía. Uno sabe que él es parte de un todo perfecto, y su vida manifiesta esa totalidad. Se da cuenta de que siempre ha tenido lo que necesita para su crecimiento. No importa lo que haya sucedido en su propia vida, ocho ve que cada paso fue un paso en el camino. Él sabe que todo lo que necesita siempre vendrá a él, tal como siempre lo ha hecho. Se ve a sí mismo en armonía con un Universo justo, en el que cada ser está donde debe estar, llamando a su realidad lo que sea necesario para el siguiente paso de su crecimiento. Sabe que no es responsable de proteger a los demás de sus experiencias de vida, que tal protección solo obstaculiza y limita su crecimiento. Justo cuando se ha movido a través de los niveles de conciencia, sabe que todos los demás deben progresar a través de sus propias vidas, aprendiendo sus lecciones individuales. Ocho sabe que solo con un alegre ejemplo es responsable de los patrones de vida de los demás. Reclama todas las facetas de sí mismo y es alegre.jugador en la vida; confía en que todo lo que necesita le llegará en el momento en que sea necesario. No ve falta en su vida.

Lo que había visto como falta en su vida le proporcionó sus lecciones. Cada problema era una manifestación de su pensamiento sobre una situación. Y así, un cambio en la forma en que pensó resolvió el problema. No tiene expectativas de vida y está abierto a las nuevas experiencias que ofrece la vida. Su hogar es el viaje. Está en paz consigo mismo y con el mundo. Él es responsable de su vida y ve que el tiempo compartido con otro debe ser alegre, o no tiene ningún valor real para ninguna de las personas. Sabe que no tiene el deber de actuar contra su voluntad. Su vida se convierte en un hermoso juguete, un juego para él.

Desde este nivel de amor propio, una persona realmente puede amar a otra. Como sabe que el viaje satisface sus necesidades, no finge ni fabrica sentimientos para obtener lo que quiere de los demás. Al amarse a sí mismo, los acepta, sabe que están donde están en el camino y no interfiere con sus vidas o procesos.

No da ayuda a los "desamparados", porque al hacerlo, solo los debilitaría y más dependiente Él sabe que el objetivo es que todos caminen libres y seguros bajo la luz del sol. Llevar a otro solo roba sus lecciones e impide su crecimiento.

Él sabe que el Universo permite que cada persona actúe lo que necesita y quiere. Él sabe que tiene el derecho perfecto de estar aquí. Se da cuenta de la perfección de la creación, sabe que es parte de la Mente Divina y puede tener o hacer lo que quiera.

La dificultad más importante de este nivel es que uno debe evitar situaciones que lo atrapen en patrones pasados y lo atan a los niveles más bajos de conciencia. Las relaciones pueden ser difíciles para una persona que ha alcanzado el nivel ocho. El nivel tres de conciencia lo considera un salvador. El nivel cuatro de conciencia trata de dirigir y competir con él. Si responde incorrectamente, se lanzará al nivel cuatro y tendrá que luchar para volver a subir los niveles inferiores. Si puede evitar estas trampas, ocho permanece libre, alegre, poderoso y amoroso. Sabiendo que cada persona está donde necesita estar en el camino, debe aprender a liberarse de las personas, las situaciones y las cosas que impiden su alegría y su crecimiento personal. Debe aprender a decir "No", sin resentimiento, culpa o tristeza. Entonces él puede caminar en la luz como un niño feliz, seguro de que el mundo es su juguete gigante. Este es el nivel de tener todo lo que uno quiere de las experiencias positivas en un cuerpo. Es un momento de llenar los placeres de los sentidos.

Nivel Nueve - Más allá de lo físico

Nueve es el nivel en el que las experiencias corporales dejan de ser el foco. Algunas personas, al entender mal este concepto, intentan alcanzar este nivel mediante la mortificación del cuerpo, la automutilación o la negación de las necesidades del cuerpo. Esta no es la forma óptima para que ocurra esta transición. El ayuno es razonable cuando la comida no es necesaria, y llega el momento en que uno puede quedarse sin comida por largos períodos si su enfoque está en otra parte. Sin embargo, tenga cuidado con aquellos que se acercan al nivel nueve al intentar negarse a sí mismos. Busque el nivel cuatro en esto. No confíes en el penitente. Él está tratando de demostrar su superioridad espiritual. Nueve trasciende el cuerpo, y esto se puede hacer mejor desde una posición de satisfacción, plenitud. Como ocho sabe que es parte de la mente divina, nueve es el nivel de conexión con esa mente. Ahora se sabe que la verdadera naturaleza de uno es el espíritu, y es libre de viajar a voluntad. Nueve es un tiempo de aprender a usar el cuerpo espiritual. El primer paso suele ser la telepatía. Nueve aprende los métodos para tener la verdad accesible. Se desconecta del enfoque en lo físico y aprende a dejar el cuerpo atrás, dejando que la conciencia vaya donde sea que uno elija. Este es el nivel de aprendizaje para ser un observador espiritual objetivo, y libera él mismo desde el juicio y el apego emocional, aprendiendo a ver sin quedar atrapado en la historia.

Tenga en cuenta que el cuerpo espiritual necesita ser entrenado tal como lo hace el cuerpo físico, y uno no llega al nivel nueve en su proceso de crecimiento y deja caer todas las necesidades materiales. Mientras uno tenga un cuerpo físico, ese cuerpo necesariamente debe ser atendido. El proceso evoluciona desarrollándose lentamente, sin abrirse. Ahora se abre el tercer ojo, y uno puede ver vidas pasadas.

Nueve es el nivel de comenzar a aprender las reglas de lo que concibes como viaje espacio-

tiempo. Sabes que puedes acceder a más de lo que percibes con tus sentidos físicos.

A medida que uno se mueve a través de este nivel, uno aprende que el espacio de tiempo es una construcción artificial. El tiempo es la rotación del planeta y la velocidad de su viaje alrededor del sol. El espacio evolucionó a partir de mediciones realizadas por el cuerpo humano. Cada lugar que viaja que está distante de su Tierra tiene una construcción de espacio-tiempo diferente.

Nivel Diez - Más allá del tiempo y el espacio

En el nivel diez, uno aprende que el espacio-tiempo no existe más allá de las tres dimensiones. Lo que percibes como pasado en tres dimensiones está hecho de huellas de memoria que unes para contar tu historia. Son simplemente las funciones de la mente. . Si te unes a las historias del pasado, el progreso no es posible. El único momento que existe es ahora.

En el nivel siete, sabías que ahora es el único momento en el que uno puede actuar. Diez, moviéndose como pura conciencia, aprende que ahora es todo lo que existe en la realidad. Diez viaja como un observador emocionalmente desapegado. Diez entiende que todo está disponible al mismo tiempo y en un patrón cíclico, como un libro en constante expansión escrito en un círculo sin principio ni fin.

Una persona está donde está y ve lo que ve porque allí es donde enfoca su atención. Físicamente, ahora está viendo hacia dónde mira. Mueva la cabeza y verá algo más que estaba allí antes de mirarlo. Cuando te mueves fuera del espacio-tiempo, viajas conscientemente. Este nivel es como un sueño completamente bajo tu control. Puedes observar lo que elijas. Ya sabes que la realidad actual no se limita al mundo tridimensional. Existe una existencia objetiva y cíclica, y su percepción de la misma depende de dónde ponga su atención. Después de haber practicado el viaje espacio-tiempo, como observador en el nivel nueve, sabes que todo está sucediendo ahora. Todo a la vez, todo recurrente, todo lo mismo, todo ahora.

Lo que ves en tu mundo físico es el resultado de la forma en que percibes en el espacio-tiempo. Si le quitas tiempo-espacio, ¿qué ves? Libérate para conocer el Todo, y la respuesta es ahora, ahora y ahora. Si aparece como una página en blanco, mire más de cerca, puede verlo como un movimiento de energía a partir del cual todas las cosas son posibles. Sabiendo esto, puedes mover tu conciencia para observar y crear cualquier cosa que desees en esta dimensión de la realidad.

Nivel Once - Viaje ilimitado

El undécimo escalón se abre hacia una gran plataforma cubierta de hierba. Muchos pueden ascender y ocupar este nivel. Pocos están invitados al nivel doce. Once es el nivel de viajar como observador a través de otras dimensiones u otras realidades. Existen muchas cosas aquí y ahora, que no puedes ver con tus ojos físicos. Abundan los mundos.

El hombre aprende a relacionarse primero con su mundo de una manera adecuada. Esta es la escuela a la que has elegido asistir porque este es el mejor lugar para que aprendas. Si no has aprendido a domesticar tu primer mundo, el proceso de desarrollo no te permite pasar más allá. Si no has aprendido la verdad del espacio-tiempo, viajar a otras realidades con otras construcciones aparentes de espacio-tiempo podría hacerte quedar atrapado en esas realidades.

Las drogas pueden hacer que uno ingrese al nivel once, y esto puede ser un respiro encantador del viaje cuando se vuelve doloroso. Pero si uno llega artificialmente a este nivel para divertirse o escapar, corre el riesgo de perder la oportunidad de un crecimiento real en esta vida. Y es posible que no pueda regresar a su cuerpo, quedando atrapado en otra construcción de espacio-tiempo, dejando atrás el caparazón de su cuerpo para que otras personas lo cuiden u otras entidades para habitar. La información para el viaje existe en todas las dimensiones y todas las realidades. No todos los seres se desarrollan en la construcción del espacio-tiempo que has elegido. Esto es más denso que algunas realidades, menos denso que otras. Cuando estés listo para ver otros mundos, se te mostrarán. Once es un viaje de exploración y observación.

Nivel Doce - Ascensión

En un cuerpo físico, has aprendido a usar la energía a lo largo de tu camino mientras te enfrentas a problemas tridimensionales. Sin embargo, doce ya no necesita un cuerpo físico para hacer su trabajo. Es un practicante que usa directamente la energía de Ahau para crear, cambiar y proteger. Doce es el nivel de los creadores y participa en cualquier realidad que elija individualmente. Esta es la conciencia que te está contactando a través de este escrito. Doce pueden proyectarse en la realidad física de cualquier espacio de tiempo que deseen, contactar a los residentes de esa realidad y manifestar un cuerpo si lo desean. Es el nivel de los que han ascendido. Puede experimentar donde elija, disfrute o sea necesario. Es de gran alcance,.ama, es benigno, aunque puede aceptar la asignación de protector o guía de un lugar o persona específicos, puede fluir donde quiera que elija en todo el Universo. Existe en armonía con todo lo que es.

Nivel Trece - Desprendimiento final

Trece es el desapego final de la experiencia separada. Esto puede ocurrir cuando el servicio que el ser puede prestar ya no es necesario. Muchos de los dioses antiguos que ahora no tienen civilización para servir han regresado al campo de Energía Universal. En este nivel, uno puede optar por dejar una existencia separada, y poco a poco o todo a la vez, como con el nivel seis, uno se va. Totalmente consciente y por elección consciente, uno se fusiona nuevamente en el paquete de energía total del que proviene. Al hacerlo, en este estado elevado, uno aumenta el nivel positivo de vibración en todo el Universo. Eso es todo. Asi es.

Postdata

No uses esta información para ser duro consigo mismo o con otros. La vida no es una línea recta a través de los niveles de conciencia. Avanza y retrocede a través de estos niveles a medida que las situaciones se manifiestan en tu vida. Aceptas que estás donde debe estar para tu crecimiento, para el trabajo que necesitas hacer o las lecciones que necesitas aprender. Y también lo están todos los demás.

Ten en cuenta que cada día, tu vida manifiesta situaciones para su progreso, y el viaje es un asunto individual. Cada día usas muchos de estos niveles de conciencia. El cuerpo existe debido a los niveles uno y dos. Funcionas en tu mundo por lo que aprendiste en el nivel tres. Las cosas que posees para tu comodidad son de nivel cuatro. No desprecies ni juzgues estos niveles. Son necesarios, para cada nivel se basa en los anteriores. Separarse de la sociedad en cinco y seis significa que uno debe estar conectado previamente. Asumir la responsabilidad completa en el nivel siete es solo un paso más, que no hubiera sido posible si los demás no hubieran ido antes. Incluso en la desesperación de cinco, uno puede vislumbrar la alegría del nivel ocho. Y hay un conocimiento interno, destellos de perspicacia, intuición y sueños.

Pues dejalo ser. Aunque tenga esta información, no la comprenderá o integrará completamente en su vida hasta que esté listo. Estás donde estás Sabiendo que hay un patrón de su desarrollo, el dolor y la soledad pueden ser más fáciles de soportar cuando se acercan a ti. Nunca estás solo. Hay profesores, voces que pasan, postes de guía en el camino. Y cuando estés listo para escucharlos, incluso las piedras pueden hablar.

EL INTERVALO

Salí del sitio arqueológico con una increíble sensación de paz. Todavía no había experimentado los niveles más altos de conciencia, y sabía que mi vida tiene sentido. Había recibido lo que había estado buscando y podía reconocer y comprender los pasos a medida que se acercaban. Esta información me ha servido bien y es muy reconfortante.

Sin mi intención deliberada, se abrió el camino para construir un pequeño hotel en Playa del Carmen, México. Las personas apropiadas parecían trabajar allí. Compartí mi tiempo entre administrar el hotel y enseñar en California hasta que me jubilé y me mudé a San Antonio, Texas.

Continué las prácticas de meditación y comencé a tener recuerdos de vidas pasadas sobre personas que habían sido importantes en mi vida. Cada recuerdo no tardó más de un segundo o dos y llegó como una fotografía cargada de emoción cargada de información. Comprendí que tenía asuntos pendientes, promesas que cumplir y obligaciones que cumplir con mi madre, mi segundo esposo, mi guía turístico, mi socio mexicano que me ayudó a administrar el hotel, y con otras dos personas que han sido muy importantes en esta vida. Los recuerdos siempre llegaron después de que se cumplieron las promesas y las relaciones terminaron.

En San Antonio, conocí e hice amistad con un grupo de personas que también hacen estas mismas preguntas. Me certifiqué en The Emotion Code, una práctica muy satisfactoria y gratificante para la curación energética.

Durante el solsticio de invierno, el 21 de diciembre de 2012, finalizó el ciclo de 13 baktun del calendario Maya Long Count. Ese ciclo había comenzado en 3113 a. C. y duró 5.125.366 años tropicales. Entonces comenzó el nuevo período. Nuevas energías comenzaron a llegar al planeta.

REGRESO A KABAH

Ahora, casi cuarenta y dos años después de recibir la información en Kabah, regresé al sitio. Algo sobre los escalones me estaba llevando allí. No sabía qué era eso, y me vi obligada a regresar. 24 de julio de 2019, volví al arco.

Aunque esto es muy inusual, la estructura de los pasos ha cambiado. Otro paso se puede ver a nivel del camino. El muro que rodea la plataforma cubierta de hierba está elevado, y el duodécimo escalón, que había estado debajo del arco, ahora está cubierto. Entonces doce pasos ahora se elevan desde el nivel del camino hasta la plataforma cubierta de hierba. Solo queda el decimotercer escalón debajo del arco.

Na'at Tun, Guardián de la Sabiduría de las Piedras estaba disponible para mí. Le pregunté sobre el cambio que se había hecho.

Esto es lo que decía: *los guardianes de Kabah ordenaron que se realizara el cambio para reflejar un cambio en la información que contienen los pasos. Con el final de la cuenta larga de 13 baktun, el acceso al nivel doce cambió. Anteriormente, el acceso era mínimo y los que se elevaban a través de los niveles de conciencia percibían que era muy raro. Cada vez que ingresa a un nuevo nivel de conciencia, su sistema de energía cambia para que tenga un contacto más directo con Universal Energy y pueda usar esa energía de formas más complejas. Lo que percibes como malo solo existe porque los seres están funcionando en los niveles de conciencia dos, tres y cuatro. Su conciencia es mínima.*

Has aprendido que todo lo que existe es energía con la que puedes sanar, comunicarte, crear y cambiar. Cuando ingresas al nivel doce, tu cuerpo se transmuta en energía pura. Y tú existes y creas directamente con la Energía Universal.

Para alcanzar el nivel doce, uno debe haber cumplido su propósito de estar en el cuerpo, y desapegado por la necesidad y el deseo de experiencias físicas. Todos los archivos adjuntos deben dejarse atrás. Todo deseo de experiencias de los sentidos liberados. Todos los asuntos pendientes deben ser completados. Todas las heridas sanaron. Todas las promesas cumplidas.

Doce es el nivel de conciencia al que aquellos en los niveles inferiores solicitan ayuda y orientación. Son los seres que llaman santos, maestros ascendidos, devas, guías, protectores, kachinas y dioses a quienes rezan y por quienes realizan ceremonias.

Crean directamente usando la Energía Universal, Ahau.

Siempre use palabras, sentimientos y pensamientos positivos cuando se comunique con los niveles doce y trece. Universal Energy responde a las palabras y emociones de sus solicitudes. Por ejemplo, si les expresas tu petición con miedo: "Ayúdame. No soy lo suficientemente fuerte como para hacer esto", se interpretará como si solicitaras un fracaso. "Gracias por tu ayuda. Puedo hacer esto bien," dijo con amor propio, y verse exitoso producirá resultados positivos.

Durante el baktun anterior, el proceso de hacer el cambio energético de un cuerpo físico a un cuerpo de energía pura ocurrió después de la muerte. El proceso requirió tres días para que el cuerpo se aislara en una tumba o sarcófago mientras ocurría la transformación. Desde que comenzó el nuevo ciclo, tres días en la tumba para que ocurra este cambio puede que ya no sea necesario, y la transformación a energía pura se puede hacer por etapas mientras uno está en el cuerpo. Cuando esté listo, cuando esté solo, en perfecto descanso, o percibir algo que es bello o verdadero, puede sentir la energía como calor o hormigueo moverse a través de su cuerpo o su cuerpo puede temblar o sacudirse. Si no está descansando, el cuerpo puede sentir una disminución de la energía física y la necesidad de acostarse. Ese es el proceso de transmutación que tiene lugar. Esto sucede durante un período prolongado. No puede controlar ni forzar el proceso. Si lo intenta, solo interferirá e impedirá que suceda. Sus guías tienen el control y ocurrirá en el momento perfecto.

Todos los seres conectados con este planeta están experimentando este cambio de energía planetaria. Sin embargo, muchos humanos en los niveles más bajos de conciencia no están preparados y se resisten. Todavía necesitan intentar mantener el control de sus vidas y la vida de los demás. Estos humanos regresarán a otra vida física para continuar el viaje. Muchos ahora en el planeta se están preparando para la transmutación. Liberar el control para permitir que esto suceda siempre es una elección personal, como lo es elevar la conciencia a cualquier nivel de conciencia. A medida que sienta el curso de energía a través de su cuerpo, sabras que el cambio está ocurriendo para ti. Los seres del nivel doce pueden regresar a un cuerpo físico tridimensional si son necesarios y eligen.

Los seres que habitan en el nivel doce pueden regresar a la Energía Universal, nivel trece cuando ya no sean útiles. Cuando los antiguos dioses regresaron cuando las civilizaciones a las que servían desaparecieron; Esto está sucediendo ahora con algunos de los seres en el nivel doce que han sido estrictos en la reglamentación. El sistema los necesitaba para la estructuración fundamental de muchas sociedades. Con el nuevo baktun, las energías masculinas y femeninas se están volviendo más equilibradas. Los seres de nivel doce, que pueden adaptarse a la creciente compasión que este nuevo baktun está trayendo, permanecerán. Otros están volviendo al sistema energético del que todos hemos venido.

El nivel doce necesita las nuevas energías que están evolucionando en el planeta.

Permaneceremos para ayudarlo en sucamino, y lo recibiremos con amor mientras viene para ayudarlo con los cambios de 14 baktun.

El nuevo ciclo ha comenzado. Nos preparamos para darte la bienvenida a casa.

***

FIN